OPINIONS
RELIGIEUSES, ROYALISTES ET POLITIQUES.

DE M. ANTOINE QUATREMÈRE DE QUINCY.

Imprimées dans deux Rapports faits au Département de Paris.

Publiées par M. le Marquis de PAROY.

Scripta manent.

II. ÉDITION.

A PARIS,

Chez L. E. HERHAN, Imp.-Libr., Palais de Justice, cour de la Sainte-Chapelle, N°. 5.

1816.

OÙ LA LOI N'ATTEINT PAS, L'OPINION PUBLIQUE
FAIT JUSTICE.

OPINIONS
RELIGIEUSES, ROYALISTES ET POLITIQUES.
DE M. ANTOINE QUATREMÈRE DE QUINCY.

Extrait ***premier*** *Rapport présenté au Directoire dans le mois de mai 1791, sur les moyens propres à transformer l'Église de Sainte-Geneviève en Panthéon français, par Ant.* QUATREMÈRE. *Paris, imprimerie de* Ballard, 1792.

LA Patrie est une divinité nouvelle pour un peuple libre; mais son culte ne connaît pas de sectes. Bornée à l'exercice de toutes les vertus dont le point d'appui est sur la terre, cette religion ne rivalise point avec celle dont les oracles et les récompenses descendent du ciel; elle ne juge point ses décrets, elle ne partage point ses temples, mais elle veut un autel autour duquel ses *adorateurs* s'enchaînent du lien d'une fraternité qui ne connaisse ni le droit d'aînesse, ni prédilection, ni *signes distinctifs*. (*Voyez* page 5.)

Cette cruelle séparation aurait lieu cependant, si le culte de la Patrie, associé sous les mêmes voûtes à celui de la Divinité, trouvait dans quelques dogmes, ou même dans des pratiques religieuses des titres ou des motifs de proscription contre quelqu'un de ses *prosélytes*. Qui sait même jusqu'à quel point une alliance de ce genre pourrait réveiller toute l'activité des préjugés qu'une imprévoyante philosophie se serait trop hâtée de croire anéantis ? (Page 6.)

Il est un objet extérieur cependant qui demande à se raccorder avec l'ensemble d'un nouveau parti de décoration, c'est la lanterne qui sert d'amortissement à la coupole. Vous penserez sans doute, Messieurs, que le *signe caractéristique du christianisme* et de ses temples ne doit plus surmonter l'*édifice civique* que vous consacrez à la Patrie ; et vous devez chercher à détruire toute espèce d'équivoque qui pourrait blesser *notre religion*. (Page 10.)

On a vu que cet intérieur se composait de quatre nefs et d'une coupole qui leur sert de centre......

Flattés de l'espoir de consacrer par les hiéroglyphes de l'art « le système philosophique de la tolérance universelle, » déjà quelques artistes avaient conçu le projet de graver sur le reste de l'édifice les symboles des autres cultes, et « surtout de l'antiquité dont la religion est devenue celle des arts et des artistes. »

Vous jugerez, Messieurs, ce que de tels rapprochemens pourraient offrir de choquant pour la *raison*, de ridicule aux yeux de *l'opinion*, de dangereux par rapport au *préjugé*, et d'incompatible avec le culte moral que vous devez instituer dans cet édifice civique. (Page 13.)

Nous vous proposons d'adopter de préférence, dans la décoration de votre *Panthéon philosophique*, les attributs et les emblèmes de *cette religion vraiment universelle*, à laquelle tous les peuples doivent se rallier. *Cette religion est morale.* Ses allégories offriront au ciseau de l'art des sujets aussi favorables ; mais leur grand avantage sera d'être à la portée de tous les yeux, de tous les esprits, de tous les peuples, et surtout de s'assortir naturellement au caractère et à la destination du local.

Les vertus morales et politiques ; les dons du génie relatifs aux sciences qui servent la société et aux arts qui l'embellissent ; voilà la répartition naturelle des symboles qui doivent animer nos quatre voûtes. (P. 14.)

Nous ne parlerons point des fêtes civiques où l'art du chant et la pompe des cérémonies consacreraient des hommages périodiques à la mémoire des grands hommes. Peut-être laisserez-vous à l'instinct spontané du sentiment le soin de fonder des usages que la loi commande toujours mal, parce qu'ils ne veulent point être commandés, « et dont l'enthousiasme est souvent le meilleur ordonnateur. »

Pourquoi n'éleverait-on pas au centre de la coupole un autel à la Patrie, où se prêterait solennellement le serment de tous ceux qu'une fonction quelconque oblige à cet engagement? (Page 21.)

Pourquoi n'en ferait-on pas choix pour décerner les récompenses de tous genres, les prix de vertu, de patriotisme, de dévouement au bien public?

Pourquoi n'affecterait-on pas spécialement cette galerie d'honneur et de vertu à ces distributions annuelles des prix fondés pour l'encouragement des études et de la jeunesse? Et quel lieu plus propre à exciter les jeunes gens à l'amour de la Patrie et des belles choses, que celui où, associés en quelque sorte d'avance aux grands hommes qui les environneraient, ils prendraient sous leurs yeux l'engagement de les imiter, et apprendraient à connaître déjà la Patrie par ses bienfaits! (Page 23.)

Mais sa nouvelle destination augmentera d'autant plus l'impatience du public. « Il faut enfin que cette » belle institution se réalise aux yeux du peuple, et » tout retard est dangereux en fait de projets dictés » par l'enthousiasme. Il n'est souvent qu'un moment » pour le génie; il faut le saisir, il faut prévenir le » retour du calcul et de la froide réflexion. » (Page. 25.)

EXTRAIT

Du deuxième Rapport fait au Directoire du département de Paris, le 13 novembre 1792, l'an premier de la République française, sur l'état actuel du Panthéon français, sur les changemens qui s'y sont opérés, sur les travaux qui restent à entreprendre, ainsi que sur l'ordre administratif établi sur leur direction et comptabilité; par Ant. QUATREMÈRE, *Commissaire du département, pour l'administration et direction du Panthéon français. Imprimerie de Ballard, du département, an premier de la République française.*

LA responsabilité me mettra à même de faire à la République entière l'exposé fidèle de l'état du monument, et le développement des idées que j'ai cru devoir suivre dans la transformation qui devait s'y opérer. (Page 4.)

Plus il me serait permis d'appeler en ce genre de tout jugement particulier, « au tribunal du goût et de l'opinion publique : » plus aussi il me sera doux de vous prouver que toutes les opérations relatives à l'art dont j'ai donné les projets, et suivi l'exécution, « sont
» dans le plus parfait accord avec tous les projets de
» la révolution, et que les plaintes qui ont pu avoir

» lieu ne peuvent avoir été que quelques soupirs de
» l'aristocratie. » (Page 5.)

Plus d'économie, plus de repos, plus de silence dans cette décoration, l'eût rendue sans doute plus analogue au caractère religieux. *Mais, pour changer de divinité*, le temple avait-il besoin de moins de gravité? L'abus y serait-il moins sensible? *Le culte de la Patrie* exigeait-il donc, dans l'édifice qui devait le recevoir et en recevoir les nobles impressions, moins de grandeur et de majesté? (Page 7.)

Telles étaient les principales objections que le goût pouvait opposer au projet de transformer en Panthéon national, la *demeure préparée à la bergère de Nanterre*.

Je compris aussi combien une telle institution sollicitait « de célérité dans l'exécution, combien elle » pouvait devenir utile au succès de la révolution, » combien la force morale que la liberté pourrait y » trouver, » donnerait d'essor à toutes les espèces vertus dont la liberté a besoin.

Dès-lors je m'occupai moins de tout ce que la critique des artistes pouvait reprendre dans ce projet, que des moyens propres à atténuer les sujets de critique et à les faire disparaître.

Je m'efforçai d'y réussir dans des dessins et dans un long rapport qui me fut demandé par le Directoire du département, sur l'état général de l'édifice et sur les moyens de le rendre propre à remplir les intentions du décret de l'Assemblée constituante. (P. 10.)

L'approbation qu'il y avait donnée me fit un devoir austère de me renfermer dans les vues qui y sont développées. Tout ce qu'il contient a été ponctuellement suivi ; et si j'insiste sur cette fidélité, c'est qu'il m'est peut-être permis de *m'applaudir* aujourd'hui de n'être pas alors, *dans mes conceptions*, resté en arrière des événemens politiques survenus depuis ; ensorte qu'en exécutant les idées du *mois de mai* 1791, on ne peut pas me reprocher d'être au-dessous du 10 *août* 1792. (Page 11.)

Le système mitoyen de ceux qui auraient voulu associer sous les mêmes voûtes « le culte des saints et celui des grands hommes, « répugnait à la démolition de la lanterne. (Page 14.)

Qu'on satisferait même à tout ce que le changement absolu de destination pourrait exiger, en se contentant de supprimer *la croix de bronze*, et en la remplaçant par une *figure allégorique ;*

Que les moyens de caractériser notre édifice étant peu nombreux, il ne faut en négliger aucun ; que de tous les moyens de rendre sensible aux yeux sa destination morale, celui du couronnement est le plus efficace. (Pages 15 et 16.)

Je dois vous rendre compte encore, Citoyens, des raisons qui m'ont décidé à proposer de préférence dans cette statue, le sujet de « la renommée pour couronner ce temple de gloire. »

J'ai pensé d'abord que ce monument, quoique dû à la révolution, n'était pas encore spécialement celui de la révolution ; qu'il ne fallait pas, par une cumulation d'idées, envier aux arts, ni vouloir ici partager d'avance les conceptions propres au monument que la République consacrera sans doute à la *révolution*.

J'ai toujours vu le développement de toutes les idées du Panthéon, dans le texte de sa belle inscription :

Aux grands hommes la Patrie reconnaissante.

Je l'ai toujours considéré comme un temple consacré à la Patrie et à la gloire, etc. (Page 17.)

Enfin, quel que soit le désir, que *j'ai partagé avec tous les amis de la liberté*, de voir briller en l'air son effigie, j'ai dû ici à l'unité de motif, principe de toute bonne décoration, au véritable sens de l'édifice et à sa convenance, de préférer la figure de la Renommée, appelant tous les grands hommes à partager les honneurs de la République française, publiant leurs fastes, et leur montrant la palme de l'immortalité. (P. 18.)

Les suppressions d'ornement proprement dit, se réduisent jusqu'à présent à peu de chose dans l'intérieur de l'édifice; *on termine celle des fleurs de lis, chiffres et médaillons de Rois, dont j'avais prononcé la proscription bien long-temps avant le 10 août* A l'époque où je fus chargé de cette direction, deux nefs et la coupole restaient encore à orner, c'est-à-dire, les trois cinquièmes du monument. (Page 21.)

J'arrive à des changemens plus réels et plus importans; ce sont ceux de la décoration. Une partie de ce renouvellement est déjà consommée, et l'autre reste à entreprendre. Vous jugerez sans doute, Citoyens, « qu'elle est une conséquence nécessaire de la première et du progrès de l'opinion publique. »

Dès l'origine, comme je l'ai donné à entendre, j'eus à lutter, dans l'entreprise de tous ces changemens, contre un système mitoyen et conciliateur qui tenait, d'une part, à des « préjugés religieux non encore éteints, » et de l'autre, à un esprit protecteur et conservateur des idées et des conceptions du défunt architecte Soufflot.

J'avais annoncé, dès l'abord, qu'il ne pouvait y avoir de partage entre les deux destinations; j'objectais que la religion avait en France des milliers de temples, qu'il serait bien extraordinaire « que le culte de la » Patrie ne pût en posséder un seul sans partage et sans » envie. De là peut-être les murmures que mes sup- » pressions ont pu faire naître. » (Page 24.)

Pour moi, fidèle au plan d'opérations que j'avais présenté, j'ai dû commencer par les objets extérieurs.

Remplacement du bas-relief.

Le plus important de tous était le fronton. Le nom seul de cette partie du pérystile l'annonce comme la place la plus propre à recevoir une des allégories les plus caractéristiques du monument. « Le ci-devant bas- » relief était, quant au sujet, à la conception et à » l'exécution, une des plus médiocres et des plus in-

» sipides productions de l'art. Des anges prosternés
» sur des nuages, en adoration devant une croix qu'on
» disait resplendissante au milieu d'une gloire formée
» de rayons en pierre. »

La construction du tympan de ce fronton a permis d'y opérer la réincrustation de pierres nouvelles, sur lesquelles on ébauche actuellement le sujet suivant : (Page 24.)

La République ou la Patrie, sous la forme d'une femme grande et imposante, accompagnée des emblèmes qui la font connaître pour la France, se lève de son trône ; ses deux bras étendus portent des couronnes ; à sa gauche, un jeune homme ailé tenant d'une main la massue symbole de la force, de l'autre, saisit la couronne : à ses traits on reconnaît le Génie ; il est suivi de celui de « la Philosophie qui renverse » toutes les anciennes erreurs, toutes les vieilles superstitions représentées par leurs emblèmes, » portées et traînées dans un char attelé de gryphons, animal chimérique, devenu, dans le langage des artistes, le symbole de l'*erreur* que le petit Génie, armé d'un flambeau, foule aux pieds et terrasse. L'autre main de la Patrie tient une couronne qui se repose sur la tête d'une jeune fille, qu'à son air modeste, qu'à son maintien réservé l'on distingue être la Vertu ; elle est suivie du Génie de la Liberté qui conduit un attelage de lions attachés au char, où sont renfermés les emblèmes de toutes les vertus. Une figure terrassée par ce char occupe la partie la plus rampante du fronton; à ses attributs, à ses regrets, *on reconnaît l'Aristocratie subjuguée*. (Page 25.)

J'ai pensé que le code de nos lois, contenu d'une part dans une déclaration des droits, et de l'autre dans une constitution, serait bien placé sous le portique de ce *Panthéon philosophique*. Cette idée m'a conduit à y assortir les cinq bas-reliefs et à y exprimer par analogie, moins les traits de la Révolution que ses bienfaits, et moins son histoire que sa morale.

J'ai voulu que la Liberté et l'Égalité, accompagnées de la Nature, parussent dans le bas-relief du milieu, présentant à la France le Code de ses lois; que la Renommée planât dans les airs et les publiât à toutes les nations. (Page 26.)

C'est dans le même système d'idées et d'allégories que j'ai conçu la nouvelle décoration de l'intérieur.

« Ce monument, consacré aux grands hommes par
» la Patrie reconnaissante, deviendra pour eux une
» espèce d'Élysée visible, où ils jouiront, dans leurs
» simulacres, des hommages que l'ingratitude con-
» temporaine aura peut-être enviés à leurs personnes.
» En suivant cette idée, ne pourrait-on pas, par une
» allusion, leur faire retrouver dans cet asile sacré, sé-
» jour paisible de l'immortalité, toutes les jouissances
» qui flattaient leurs goûts, en les y supposant toujours
» épris des objets qui furent le charme de leur vie et
» la source de leur gloire ? (Page 29.)

(14)

Les quatre grands pendentifs de la coupole, offriraient en abrégé, comme une espèce d'analyse, des sujets correspondans à chacune des nefs, et qui seraient les emblêmes de la philosophie, de la vertu, des sciences et des arts. (Page 30.)

Ce citoyen avait alors quarante ans.

Mon empire est détruit, si l'homme est reconnu.
(Mahomet.)

Voltaire.

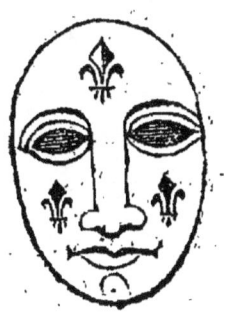

www.ingramcontent.com/pod-product-compliance
Lightning Source LLC
Chambersburg PA
CBHW071434060426
42450CB00009BA/2169